SI LES INSTITUTIONS SOCIALES SONT UN MAL SOCIAL

LEÇON D'OUVERTURE

DU COURS D'ÉCONOMIE SOCIALE COMPARÉE

(FONDATION COMTESSE DE CHAMBRUN)

PAR

Charles GIDE

CHARGÉ DU COURS A LA FACULTÉ DE DROIT DE PARIS

(Extrait de la *Revue d'Économie politique*, n° de janvier 1899).

PARIS

LIBRAIRIE DE LA SOCIÉTÉ DU RECUEIL Gal DES LOIS ET DES ARRÊTS

FONDÉ PAR J.-B. SIREY, ET DU JOURNAL DU PALAIS

Ancienne Mon L. LAROSE & FORCEL

22, RUE SOUFFLOT, 22

L. LAROSE, DIRECTEUR DE LA LIBRAIRIE

1899

SI LES INSTITUTIONS SOCIALES SONT UN MAL SOCIAL ? [1]

MM. je me plais à penser que dans votre sympathique accueil il y a une bonne part d'hommage et de remerciement pour celui à qui vous devez ce nouvel enseignement, pour M. le comte de Chambrun.

C'est le troisième cours d'économie sociale créé par son initiative et, pour partie, par ses libéralités. Le premier le fut à l'École des sciences politiques : il n'a lieu que tous les deux ans. Le second a été créé il y a quatre ans à la Faculté des Lettres à la Sorbonne. Le troisième devait aussi, dans la première intention de son fondateur, être institué à la Sorbonne, mais mieux informé, M. de Chambrun a pensé que les étudiants en droit avaient autant et même plus de raisons que les étudiants en lettres pour s'intéresser à l'économie sociale et il a voulu en doter la Faculté de Droit. Il fallait donc s'adresser cette fois à un professeur de droit et il m'a demandé de quitter, du moins pour un temps, ma paisible et chère vie de province pour venir exposer ici les idées auxquelles il a donné son cœur et, par dessus le marché, sa fortune.

La bienveillance avec laquelle la Faculté est entrée dans ses vues, l'empressement que M. le Doyen et M. le Ministre de l'Instruction publique, alors M. Bourgeois, ont mis à faciliter ma nomination, me créent envers tous une dette d'honneur qui me gêne un peu. Oserais-je dire que le souvenir de mon frère qui a si longtemps enseigné dans ce même amphithéâtre et que j'ai souvent écouté assis sur les bancs où vous êtes, me rend cette dette plus lourde encore ? [2]

[1] Leçon d'ouverture du cours d'économie sociale fondé par M. le comte de Chambrun à la Faculté de droit de Paris.

[2] Paul Gide, professeur de Droit romain, mort en 1880.

Quand j'ai demandé à M. le comte de Chambrun quel devait être dans sa pensée l'objet spécial de cet enseignement, il m'a répondu : Le cours de la Sorbonne, c'est l'économie sociale dans *le temps ;* le cours de la Faculté de droit, ce sera l'économie sociale dans *l'espace.* Certes je ne pouvais demander plus de latitude !.

J'ai dû au contraire me préoccuper de poser quelques jalons dans cet infini qui m'était réservé. Et il m'a semblé que je ne saurais mieux faire que de limiter mon sujet à cette catégorie d'institutions qui font surtout l'objet de la sollicitude du comte de Chambrun et qui ont fait plus spécialement aussi, certaines du moins, l'objet de mes études, je veux dire toutes les formes de l'association libre qui ont pour but de relever la condition de la population ouvrière : coopération, participation, prévoyance, assurance, syndicats, etc. Et comme ce ne seront pas seulement celles de France, mais celles de tous les pays que nous aurons à étudier et à comparer, la condition posée de nous étendre dans l'espace sera également remplie.

J'avais aussi quelques autres raisons.

Non seulement ces institutions, par certains aspects juridiques qu'elles présentent, m'ont paru de nature à compléter heureusement les études de droit, mais surtout elles m'ont paru, d'une façon générale, très bien convenir à la jeunesse de notre temps puisqu'il s'agit en somme d'une étude d'activité sociale et pratique. Que de fois nous entendons aujourd'hui des jeunes gens demander : que faire ? et chercher quel est « le devoir présent ». Nous ne savons trop que leur répondre. Mais nous pouvons du moins leur montrer ce qu'ont fait, par tous pays, les hommes qui ont cru qu'il y avait quelque chose à faire et qui ont travaillé pour réaliser un peu plus de bonheur et un peu plus de justice.

Remarquez en effet que nous serons ici tout à fait sur le terrain de la pratique et par conséquent nous ne risquerons pas de nous beaucoup égarer. Nous aurons à nous occuper non de ce qu'on pourrait faire, mais de ce qu'on a fait, non de systèmes proposés mais d'expériences réalisées.

Ce sera une étude surtout descriptive, on pourrait dire morphologique, comme, par exemple, celle d'une famille de végétaux. De même que certaines familles de végétaux possèdent une propriété commune, la famille des solanées par exemple, la mandragore ou la belladone, qui ont la vertu singulière de calmer ou d'abolir la souffrance, de même il s'agit ici d'une famille d'institutions sociales ayant certains caractères communs et notamment celui de servir de remèdes à certains maux sociaux. Avec cette différence pourtant qu'elles ne sont ni vénéneuses ni soporifiques — du moins c'est notre opinion : mais d'autres, comme nous allons le voir, seraient plutôt disposés à les trouver ressemblantes en cela aussi.

Dans dix-huit mois, au mois de mai 1900, vous les verrez toutes exposées, ces institutions dont nous allons parler, à l'Exposition universelle, dans le groupe XVI, dit d'économie sociale. Ainsi ce cours, pour ceux des auditeurs qui l'auront suivi pendant les deux années que je compte lui consacrer, pourra servir d'introduction, de guide, de commentaire anticipé à cette grande manifestation de l'activité sociale au XIXe siècle, et en même temps cette exposition fournira une illustration aux explications que je vous aurai données. Vous y retrouverez, en bustes ou en médailles, la figure des hommes que nous aurons appris ensemble à connaître et à aimer, les Pionniers de Rochdale, les Leclaire, les Godin, les Raiffeisen. Vous y verrez les statistiques, les diagrammes, les représentations graphiques des sociétés que nous aurons étudiées, les modèles en relief des maisons ouvrières, les produits des associations coopératives de production. Même, pour faciliter cette coopération de l'enseignement oral et de l'enseignement visuel, je me suis arrangé pour que le programme de ce cours coïncide, à peu de chose près, avec le programme du groupe d'économie sociale.

Et puisque cette exposition doit servir de couronnement ou tout au moins de pièces justificatives à ce cours, je crois utile de vous donner dans cette première leçon un rapide historique des faits qui ont précédé et qui ont préparé cette exposition d'économie sociale : cela me permettra d'abord de vous faire mesurer le rapide développement qu'a pris dans la seconde moitié de ce siècle cette science nouvelle qu'on appelle « l'économie sociale » — et me fournira l'occasion de vous signaler la part très importante qu'a prise personnellement dans cette œuvre de préparation et de propagande, M. le comte de Chambrun lui-même.

Vous savez que la première exposition universelle de ce siècle a été celle de Londres en 1851. On ne songea point du tout à cette époque, non plus que dans l'exposition de Paris en 1855, à faire une exposition d'économie sociale. Ces questions ne tenaient pas encore assez de place dans les esprits pour qu'on les crût susceptibles d'intéresser le grand public et d'ailleurs les procédés statistiques n'étaient pas encore assez avancés pour permettre d'exposer des faits ou même des idées sous une forme sensible. On n'imaginait pas qu'ils pûssent se laisser classer, étiqueter, étaler sous des vitrines ou sur des murs. On ne connaissait pas l'art où excelle mon éminent collègue, M. Cheysson, de représenter par exemple l'essor d'une société par une courbe vigoureusement ascendante et son déclin par une oblique mélancolique. Un jour viendra sans doute où ces grandes manifestations internationales, qui ne sont encore que des espèces de foires assez grossières, ne seront plus, pour tous leurs groupes, que des expositions d'idées représentées par des figures, des chiffres et des symboles. C'est le groupe d'économie sociale qui aura eu l'honneur d'avoir ouvert la voie.

Il faut arriver jusqu'à l'exposition de 1867 pour voir apparaître, bien timide encore et sous des formes très restreintes, l'économie sociale. Vous savez que c'est Le Play qui fut l'organisateur de cette admirable exposition et en traça la classification qui est restée un modèle pour toutes les expositions qui ont suivi. On aurait droit de s'étonner que l'illustre auteur de *la Réforme sociale* n'eût pas fait une petite place à cette catégorie de faits qu'il avait passé sa vie à étudier. Il lui fit en effet cette place, mais assez modeste et comme subordonnée à celle de l'instruction, dans un groupe, le groupe X, qui portait cette rubrique : « Objets spécialement exposés en vue d'améliorer la condition physique et morale de la population ». On y trouvait réunis, dans une juxtaposition bizarre, « les objets servant à l'enseignement des enfants et des adultes, les objets à bon marché, les costumes populaires et (ceci commence à être plus intéressant pour nous) les habitations à bon marché, les produits, instruments de travail et procédés des ouvriers chefs de métier ». Ce n'est pas encore grand'chose, mais ce qui est déjà plus significatif c'est un ordre de récompenses spécial, créé par Le Play « en faveur des établissements et des localités qui ont développé la bonne harmonie entre les personnes coopérant aux mêmes travaux et qui ont assuré aux ouvriers le bien-être matériel, intellectuel et moral »[1]. Ceci embrasse déjà toutes les institutions créées par les patrons en faveur de leurs ouvriers, mais non encore les associations ouvrières et coopératives — auxquelles d'ailleurs, comme nous le verrons plus tard, Le Play était fort peu sympathique.

[1] Voir les volumes : *Exposition universelle de 1867, X^e groupe*, Paris, chez Dentu, 1867, et le *Rapport*, par M. Alfred Leroux. Paris, chez Paul Dupont, 1867.

L'exposition internationale de 1878 eut aussi une section pour les institutions patronales, mais qui eut peu d'importance.

L'exposition de 1889 pour le jubilé de la Révolution française fit un grand pas. Pour la première fois, l'économie sociale figura dans un groupe à part et remplit à elle seule tout un palais spécial et qui ne fut pas un des moins visités par la foule. Cependant il est à noter que dans le programme officiel de l'exposition l'économie sociale ne figurait pas. Ce fut sur l'initiative de MM. Cheysson, Charles Robert et Lami, et avec l'appui de M. Siegfried, que cette section fut ajoutée. Elle fut très brillante grâce aux hommes éminents qui présidaient chacune des subdivisions : Léon Say était le président général. Mais ce furent encore les institutions patronales qui y tinrent la plus grande place et y furent les plus remarquées. Cependant les associations ouvrières y eurent aussi leur place, mais il est facile de comprendre que leur exposition fût moins brillante et moins habilement arrangée que celle des patrons ou des grandes compagnies.

L'exposition terminée, les exposants firent don à l'Etat des objets et documents exposés, lequel se montra assez embarrassé du cadeau. Les objets ainsi rassemblés déménagèrent ici et là, d'abord au palais des Arts libéraux, puis à l'hôtel des chambres syndicales et risquaient de devenir de véritables épaves, quand enfin, au bout de cinq ans de voyage, ils trouvèrent un asile aussi magnifique qu'inattendu. M. le comte de Chambrun qui, au sortir d'une vie déjà longue et très remplie d'événements, presque aveugle, venait, suivant ses propres expressions, de « faire vœu d'économie sociale », désigna comme ses héritières les institutions sociales : il leur destina son hôtel historique de la rue Monsieur, et en attendant il leur donna un autre hôtel, rue Las Cases, dont vous connaissez déjà ou en tout cas dont vous apprendrez tous, j'espère, le chemin, et qui reçut le nom de Musée social. Il fut inauguré le 31 août 1894.

Ce Musée social est d'abord, comme son nom le dit, un *Musée,* c'est-à-dire une collection d'objets exposés, qui continue à l'état permanent l'exposition d'économie sociale de 1889 et prépare celle de 1900.

Mais il est aussi un centre de propagande, et par là, il mériterait mieux le nom d'*Institut social* (et tel était d'ailleurs le nom que le comte de Chambrun avait d'abord donné à l'institution qu'il voulait créer, quoique dans des conditions un peu différentes, il est vrai). On y donne des conférences, dont la première de l'année vient d'être faite sous la présidence de M. le Président du Conseil des ministres; on y distribue des prix de 25,000 fr.; on y publie des circulaires périodiques fort précieuses, des livres aussi, et déjà en est sortie toute une bibliothèque signée de ses directeurs et administrateurs, collaborateurs et lauréats : MM. Mabilleau, de Seilhac, Fontaine, Blondel, de Rocquigny, Dufourmantelle, de Rousiers, etc. C'est de là que partent les missions organisées par le comte de Chambrun et qui vont étudier sur place par tout pays — une d'elles se trouve en ce moment en Australie — les institutions d'économie sociale.

Le Musée social est plus encore; c'est un laboratoire sociologique où se trouvent collectionnés et classés, par dossier spécial, tous les renseignements et documents relatifs à n'importe quelle question (sur la verrerie ouvrière par exemple, ou sur le Familistère de Guise, ou sur la dernière grève des mécaniciens anglais) et, par conséquent, les services qu'il peut rendre à ceux qui veulent travailler et étudier, sont déjà et deviendront tous les jours plus considérables. C'est vraiment une des institutions qui font le plus d'honneur à l'initiative privée dans notre pays, après l'Institut Pasteur avec lequel il présente certains traits de ressemblance, et c'est avec celui-ci peut-être le seul établissement dont on puisse dire, suivant une formule dont on a abusé autrefois jusqu'au ridicule, que l'Europe nous l'envie! En tout cas, ce qui vaut mieux encore que de l'envier, elle s'en sert. De même que lorsque la rage ou la peste éclate sur quelque point du monde, à Bombay, à Vienne ou à Tamatave, on s'adresse à l'Institut Pasteur pour demander le vaccin approprié, de même, au près ou au loin, veut-on chercher quelque remède à un fléau social, veut-on lutter contre le chômage, contre l'alcoolisme, contre l'usure, contre la cherté du pain, contre le sweating system? on écrit à l'aimable directeur du Musée social qui vous renvoie par retour du courrier non pas, hélas! le remède approprié, enfermé dans de petits tubes — car nous sommes loin d'être aussi avancés en pathologie sociale que pour la pathologie du corps humain — mais du moins le résultat de toutes les expériences faites sur la question. C'est déjà énorme!

En attendant le jour où la grande exposition d'économie sociale s'ouvrira, vous trouverez donc au Musée social une exposition permanente, une bibliothèque, des instruments de travail, des matériaux accumulés, une sorte d'inventaire impartial de la question sociale à la fin du XIXe et à l'entrée du XXe siècle, en un mot des ressources qui ne le cèdent en rien à celles que vos camarades de la Faculté des sciences peuvent trouver dans les instituts de physique, de chimie ou de botanique.

Ainsi le rapide historique que nous venons de faire vous aura montré un groupe d'institutions sociales, d'abord assez peu nombreuses, puis se multipliant, foisonnant assez pour remplir tout un musée ou tout un palais d'exposition, prenant une part grandissante aussi dans les préoccupations du public, et quoique diverses entre elles et se diversifiant de plus en plus, présentant assez de caractères communs pour pouvoir être rattachées à une même espèce sociologique et pour devenir l'objet des études de toute une catégorie de spécialistes, généralement distincts des économistes proprement dits.

* * *

Mais ici une surprise nous attend. Ces institutions que nous venons d'indiquer sont loin de s'imposer à l'admiration ou même aux sympathies de tous. Bon nombre d'esprits et même d'esprits distingués les déclarent inutiles et fâcheuses, plus malfaisantes que bienfaisantes. Ils ne croient pas qu'elles servent efficacement le progrès et croient que dans bien des cas elles l'entravent positivement. En sorte qu'au début d'un enseignement qui doit être consacré à étudier cette catégorie d'institutions, je me trouve arrêté par cette question préalable qui, si impertinente qu'elle paraisse, ne peut être écartée, à savoir si cette étude vaut vraiment la peine d'être faite et si le temps que nous allons lui consacrer ne sera pas aussi vainement employé qu'ont pu l'être le temps et la peine consacrés par leurs fondateurs eux-mêmes à les créer ?

Et ne croyez pas que ce soit par un artifice de rhétorique que je pose cette objection à seule fin de me donner le facile mérite de la résoudre. Hélas ! non ; il est trop vrai que nous nous trouvons ici en présence soit d'adversaires qui nous regardent avec colère, soit du moins d'amis peu aimables qui nous accueillent avec un sourire de pitié, et, comme nous sommes destinés à les rencontrer à chaque pas sur notre chemin, il est bon de faire tout de suite connaissance avec eux.

Voici d'abord les économistes de l'école libérale. Il y a quelques jours à peine, dans une réunion de la Société d'économie industrielle, à la suite d'une discussion où les associations coopératives de production et le Musée social ont été assez malmenés, l'un des préopinants et non des moindres, car il est secrétaire de la Société d'économie politique de Paris, a résumé et clôturé la discussion par cette formule brève : « Le Musée social est un mal social »[1].

Et ne croyez pas que ce soit là un propos isolé, individuel ; c'est au contraire l'expression de toute une doctrine qui vient de loin et de haut. Voici longtemps déjà que je me rappelle avoir lu dans l'*Economiste français*, sous la signature de M. Mangin aujourd'hui décédé, une série d'études qui portaient toutes ce même titre : *Illusions*. Il y avait l'illusion coopérative, l'illusion syndicale, l'illusion participationniste, et d'autres que j'oublie. Encore quand il s'agit des associations de secours mutuels, de prévoyance, d'assurances ou de celles quelconques qui rentrent plus ou moins dans le domaine de l'épargne, on les admet et on les loue, mais il n'en est pas de même de celles qui ont de plus hautes visées. S'agit-il de la participation aux bénéfices ? M. Paul Leroy-Beaulieu l'a qualifiée d'un mot qui a fait fortune : il l'a appelée le condiment du salariat, c'est-à-dire le poivre ou les épices dont on se sert pour assaisonner un plat, mais qui, par lui-même, n'a aucune valeur nutritive. S'agit-il des associations coopératives ? Le même auteur qui leur consacre tout un chapitre de son monumental *Traité d'économie politique*, les approuve à cette seule condition qu'elles bornent leurs prétentions à diminuer le prix des denrées ou à éliminer un certain nombre d'épiciers inutiles, mais il raille leurs programmes ambitieux qu'il compare aux vagissements des petits enfants. D'autres se chargent de rabattre nos prétentions. A chaque congrès coopératif, quand les âmes simples seraient tentées de s'extasier sur les résultats obtenus, ils nous démontrent chiffres en mains, de peur que la vanité ne nous fasse tourner la tête, que tous ces beaux résultats et cette transformation sociale ne dépassent pas une plus-value de 5 sous par tête et par jour. Ils nous témoignent d'ailleurs beaucoup d'intérêt. Chaque fois qu'une association coopérative vient à mourir, ils sonnent les cloches pour annoncer ses funérailles, ils sont les premiers à suivre le convoi, ils marchent derrière la famille, ils prononcent un discours sur la tombe et constatent avec un pleur qu'en voilà encore une de morte !

Inutile de multiplier ces témoignages ; nous aurons d'ailleurs l'occasion de les retrouver. Mais, pourquoi donc, pourquoi nous

[1] Société d'économie industrielle et commerciale, séance du 18 novembre 1898.

démontrer que nous ne faisons rien de bon, que nous sommes chétifs, petits, impuissants, point viables, pourquoi doucher ainsi de pauvres enthousiasmes déjà si transis ?... Pourtant il semble que les économistes de l'école libérale devraient aimer et patronner les institutions mutuellistes, syndicales ou coopératives, par un double motif: d'une part, parce qu'elles ne veulent pas des moyens révolutionnaires, et d'autre part, parce qu'elles n'attendent pas la réalisation de leur programme de l'intervention de l'Etat, mais de l'initiative individuelle. En somme, toutes ces institutions sont filles de la liberté, tout comme l'école de Manchester, et la voix du sang devrait, semble-t-il, plaider en leur faveur. Il est vrai que les économistes ne nient pas cette parenté spirituelle, ils ne peuvent pas nier que toutes ces institutions sociales ne soient de la même famille, celle de l'association libre, mais ils les considèrent comme ces membres de la famille qu'on appelle « des parents pauvres », qu'on ne peut renier mais qu'on a soin de tenir à distance. Oui, pour l'école libérale, la coopération est une petite sœur, c'est une petite sœur comme Cendrillon qui doit se borner à faire le ménage et à balayer la cuisine pour ses orgueilleuses sœurs, mais à qui il est défendu de jamais songer à épouser le prince et à devenir reine!

Les raisons de cette attitude, qui si elle n'est pas précisément hostile n'a du moins rien de très fraternel, sont assez complexes. Un des griefs invoqués, celui précisément qui a valu au Musée social d'être qualifié de mal social, c'est que ces institutions auraient trop souvent recours aux subventions de l'Etat ou des particuliers, au lieu de s'appuyer uniquement comme devraient le faire des organismes vigoureux, sur le *Self-help*, ne compter que sur elles-mêmes. Il est vrai que les associations coopératives de production et les sociétés de secours mutuels reçoivent certaines faveurs de l'Etat que nous verrons en temps et lieu et qu'on peut discuter; il est vrai que le Musée social est un des plus grands exemples de subvention philanthropique due à la générosité d'un simple particulier, mais il faut vraiment un libéralisme bien pudibond pour s'effrayer non seulement des subventions officielles mais de celles dues à l'initiative privée — qui sont bien pourtant elles aussi une manifestation du *self-help*, tout au moins de la part du donateur ! Il nous semble qu'on pourrait citer d'autres institutions, par exemple l'Institut, je parle de l'Institut de France, qui sont subventionnées par l'Etat et bien plus encore par les particuliers, et nous ne sachions pas pourtant qu'aucun économiste de l'école libérale y ait vu un mal social ni même ait refusé d'y entrer : ils y sont tous !

L'initiative individuelle est d'ailleurs tout aussi bien développée et même surexcitée par nos associations que par toute autre entreprise ayant un caractère capitaliste. Croyez bien qu'il faut beaucoup plus d'initiative pour fonder et soutenir une société coopérative que pour fonder une compagnie de mines d'or ou d'éclairage au gaz. Puisque je parle à des étudiants, je veux citer le fait de quelques jeunes gens de Montpellier, un des bibliothécaires de l'Université, un étudiant en droit, un interne à l'hôpital, qui viennent de fonder une boulangerie coopérative dans cette ville. Ils ont employé le moyen de propagande le plus original et qui prouve que des Français, quand ils ont vraiment la bonne volonté, ne le cèdent en rien en fait d'audace aux Anglais de l'Armée du salut ou aux jeunes Américaines des sociétés de tempérance. Ils se divisent par groupes de deux et vont à tour de rôle dans les cafés et débits de boissons de Montpellier — il y en a beaucoup : — ils y vont à 5 ou 6 heures, c'est l'heure de l'absinthe, « l'heure verte » ; quand les consommateurs sont attablés, l'un d'eux se lève et annonce qu'il a une communication à faire. Et il profite du silence général causé par l'étonnement pour faire une petite conférence sur l'utilité des boulangeries coopératives. Puis quand ils ont fini, ils demandent des adhésions. Et dans chaque café ils ont recueilli des signatures.

Si ce n'est pas là de l'initiative individuelle, où faut-il donc la chercher? Il est vrai qu'au lieu d'être inspirée par l'intérêt personnel, elle est désintéressée; au lieu d'avoir pour principe l'aide-toi toi-même, elle a pour principe l'aide d'autrui. Mais elle n'en est point énervée pour cela.

Mais la vraie raison n'est pas là..Il faut la chercher dans l'optimisme ou, si le mot paraît déplaisant, dans la foi en la vertu des lois économiques en général et de la concurrence en particulier qui a toujours caractérisé l'école libérale, surtout en France. Il y a plus d'un siècle déjà que Turgot écrivait : « La concurrence seule peut dégager le juste prix des choses » et il y a six mois, mon cher collègue de l'Université de Genève, M. Pantaleoni, dans un admirable article sur les principes théoriques de la coopération, développait cette thèse que la coopération ne donnera rien de plus que ce que donnerait naturellement et spontanément la libre concurrence. Voilà le fond de leur pensée, Ils sont convaincus que la liberté, la concurrence, l'offre et la demande — tout cela est même chose — suffisent pour assurer à chaque individu le maximum de bien-être et le maximum de justice. Le seul moyen à recommander donc c'est d'exalter les énergies individuelles et de leur laisser franc jeu. Point n'est besoin de recourir à des institutions spéciales, inventées, patronnées ou subventionnées par des philanthropes. Tous ces braves gens, qui s'en vont répétant : « Il faut faire quelque chose! Il y a quelque chose à faire! », sont, pour les économistes, les mouches du coche, ils les agacent. Le progrès se fera bien sans eux.

Je n'ai pas à traiter ici la question à fond ; je me bornerai à dire ceci. Les institutions que nous aurons à étudier ensemble n'ont rien d'artificiel ; elles n'ont pas été « inventées » par des faiseurs de système ou des philanthropes. Elles sont sorties des entrailles du peuple et sont tout aussi bien des produits spontanés de l'évolution sociale que les sociétés par actions, par exemple, chères aux économistes et dans lesquelles M. de Molinari salue la forme supérieure de l'évolution économique. Elles répondent à un besoin aussi naturel, aussi primordial, aussi permanent que l'intérêt personnel, que le self-help : c'est celui de l'aide mutuelle, de la solidarité, de la sympathie et, pourquoi ne l'appellerions-nous pas de son vrai nom, au risque de nous faire traiter de mystiques, de l'amour? Il s'est manifesté de tout temps, même dans les temps les plus durs : sous l'empire romain, dans ces associations de pauvres gens, *collegia tenuiorum,* qui étaient si bien fraternelles qu'elles ont pu servir de cadres aux premières communautés chrétiennes pour s'y dissimuler; au moyen-âge, dans ces associations professionnelles qui portaient le titre encore plus expressif de *fraternités.* Il est vrai qu'à la fin du XVIIIe siècle et dans la première moitié du XIXe siècle, qui ont été l'âge de fer des salariés, ces petits foyers d'amour qui avaient traversé les siècles comme des lampes pieusement gardées se sont presque partout éteints — mais depuis le milieu de ce siècle on la voit brûler de nouveau, la petite flamme, et courir çà et là rallumant chaque jour quelque foyer nouveau !

J'ai dit quelque part, il y a déjà une dizaine d'années [1], que l'histoire des doctrines économiques, dans ce dernier quart de siècle, avait été marquée par un grand dégel. Je n'entendais point insinuer par là (quoiqu'on l'ait pourtant dit en termes plus durs, Carlyle

[1] *L'École nouvelle,* dans le volume *Quatre écoles d'économie sociale,* Genève, 1890.

notamment et Toynbee) que la science économique était un glaçon ou moins encore, ce qui serait absurde, que les économistes avaient un cœur de glace. Je voulais dire seulement que l'on avait commencé à reconnaître l'insuffisance du principe hédonistique, de l'intérêt personnel, de la concurrence, pour expliquer à lui seul l'évolution économique — de même du reste que, dans les sciences biologiques, le principe darwinien de la concurrence pour la vie n'est plus considéré aujourd'hui comme suffisant — et qu'il fallait le compléter par l'autre principe dont je parlais tout à l'heure.

C'est ce qu'avait dit admirablement le philosophe Guyau : « La vie ne peut être complètement égoïste, même quand elle le voudrait. Il y a une certaine générosité, inséparable de l'existence et sans laquelle on meurt ». Aux économistes qui nous reprochent d'être hors de la science et de faire simplement de la philanthropie, nous avons donc le droit de répondre que ce sont eux qui rétrécissent arbitrairement le champ de la science en ne tenant compte que de l'un des grands instincts qui mènent le monde. Au bout du compte, si l'intérêt personnel, si l'égoïsme a ses lois, pourquoi l'altruisme n'aurait-il pas les siennes et tout aussi naturelles, et tout aussi scientifiques que les autres? Et si l'individualisme a pu donner naissance à une foule d'entreprises, d'institutions et d'associations, pourquoi l'amour, dont la vertu est par essence génératrice, ne créerait-il pas aussi toute une innombrable famille d'institutions ou d'associations? — Il l'a fait : ce sont les nôtres. Ce sont toutes celles que nous définissons de la façon la plus simple et la moins scolastique, en disant que ce sont celles par lesquelles les hommes cherchent à s'aider les uns les autres et qui n'ont pas pour but unique le profit. Et cette merveilleuse flore d'institutions infiniment variées qu'on voit éclore par tout pays depuis quelque vingt ans, c'est précisément la floraison qui, dans l'ordre de la nature, suit le dégel !

Mais voici maintenant d'autres critiques et d'autres adversaires. Cette fois ce sont les socialistes révolutionnaires. Les griefs invoqués sont à peu près les mêmes en somme, à savoir d'être des institutions philanthropiques, des jouets pour amuser le peuple. Seulement cette fois l'ironie de bon ton a fait place à l'invective. Voici ce qu'écrivait il y a trois ou quatre mois, à propos de l'exposition d'économie sociale, le chef du collectivisme marxiste, M. Jules Guesde : « Cette véritable exposition, dans le sens judiciaire et infamant du mot, ne fera que fournir au prolétariat humilié et volé de nouvelles raisons et de nouvelles forces pour poursuivre sa voie révolutionnaire »[1].

Je reconnais qu'il y a une façon de comprendre et de présenter ces institutions sociales qui est particulièrement déplaisante et irritante. Il est des hommes en effet qui n'y voient que des moyens de préservation personnelle, un minimum de concessions nécessaires pour éviter une révolution sociale, une satisfaction consentie au peuple pour lui faire prendre patience, le gâteau de miel classique jeté dans la gueule de Cerbère. Mais vous pouvez compter que ce n'est point dans cet esprit que nous les étudierons et je puis assurer au nom des hommes qui ont consacré leur nom et leur vie à ces œuvres qu'ils n'ont point de préoccupations si misérables. C'est singulièrement avilir ces institutions que de leur assigner ce rôle, et j'ajoute même que c'est grossièrement se tromper sur leurs effets. S'il est des bourgeois et des patrons qui se flattent que les sociétés de consommation ou les syndicats professionnels ou les cafés de tempérance serviront à endormir le peuple dans un bien-être relatif, ils font non seulement un calcul immoral mais un faux calcul, et à ceux-là mêmes les socialistes feront bien de leur pardonner, car ils ne savent ce qu'ils font ! L'expérience a montré maintes fois au contraire que l'homme ne songe guère à ses droits quand il a le ventre creux et que c'est seulement du jour où il n'est plus oppressé par le souci du pain quotidien qu'il commence à prendre souci de sa destinée. Toutes ces institutions, donc, qui tendent à relever la condition des ouvriers, à les rendre plus forts physiquement en leur procurant des aliments de meilleure qualité, des logements plus confortables, en les préservant de la brutale ivresse du marchand de vins, — toutes celles qui tendent à accroître leurs loisirs, à leur donner la faculté et le temps de penser, de réfléchir, d'espérer, — toutes celles encore qui tendent à leur donner ce sentiment qui distingue l'homme civilisé du sauvage, la prévoyance, et non pas seulement sous la forme de l'épargne individuelle mais de l'épargne collective, — celles encore qui tendent à développer le sentiment de la solidarité et la conscience d'une mission à remplir, toutes celles en un mot qui tendent à leur donner un supplément de vie en quantité et en intensité, toutes ces institutions-là n'ajournent point l'heure des

[1] Dans *La Lanterne* du 26 août 1898.

revendications : elles l'avancent au contraire. En cela M. J. Guesde a raison, mais c'est précisément parce que les institutions sociales produisent ce résultat et que la plupart de ceux qui les propagent acceptent ce résultat courageusement et sans arrière-pensée, c'est pour cela que les socialistes devraient les traiter avec plus de justice : et du reste je dois dire que beaucoup l'ont déjà fait et que beaucoup d'autres commencent à le faire. Si jamais un régime socialiste réussit à s'établir ou en tout cas s'il réussit à durer, il ne pourra se fonder et il ne pourra durer qu'avec des hommes possédant la vigueur physique et la santé morale, non pas avec des hommes qui seront haineux parce que misérables, mais avec des hommes qui seront bons parce que heureux, c'est-à-dire avec des hommes précisément tels que nous les faisons ou du moins tels que nous les voulons.

Mais si nous repoussons énergiquement le reproche de faire de ces institutions un moyen de préservation sociale, un paratonnerre social, je ne cacherai pas pourtant que nous espérons en elles pour faire l'économie d'une révolution sociale. Nous voudrions bien en effet faire cette économie, moins dans l'intérêt de la classe possédante qui en souffrirait peut-être moins qu'on ne croit et qu'elle ne le craint elle-même, mais dans l'intérêt de tout le peuple et de la civilisation qui risquerait de voir sombrer dans la tourmente quelques-uns de ses biens les plus précieux et les plus péniblement acquis, ne fût-ce que cette petite flamme d'amour et d'aide mutuelle dont je parlais tout à l'heure et qui ne survivrait guère à cette explosion de haine, à ce *Diès iræ* dont on nous menace.

Et en prétendant faire l'économie d'une révolution nous pensons raisonner en savants (vous entendez bien que je veux dire conformément à la méthode scientifique) et non en bourgeois. Sans doute nous savons qu'il ne faut pas abuser de l'opposition qu'on établit entre l'évolution et la révolution qui sert d'argument facile aux conservateurs. Sans doute nous n'oublions pas que l'évolution a ses crises inévitables ; nous n'ignorons aucun des exemples si souvent invoqués par les socialistes pour justifier la nécessité d'une révolution, ni le fait que tout fils de l'homme vient au monde dans le sang et dans les cris, ni que tout oiseau doit briser sa coquille pour éclore et toute chrysalide percer son cocon, et même, comme le dit dans une image charmante le socialiste américain Gronlund, nous pouvons imaginer quel doit être l'émoi des cellules contenues dans un bouton de rose au moment où ce bouton se prépare à éclore, encore une fois nous ne nions pas la nécessité des crises pour amener le progrès (nous songeons d'autant moins à les nier que nous y sommes en plein): nous nions seulement le nécessité du coup de foudre, et surtout de l'hémorrhagie. Et nous croyons que la théorie dite catastrophique perd tous les jours de son crédit, non seulement dans l'évolution sociale mais dans l'évolution inorganique. Il ne faut pas abuser en matière économique de ces rapprochements avec les sciences physiques ou biologiques. Et d'ailleurs nous ne serions pas en peine de trouver dans ces sciences mêmes d'autres arguments en sens inverse. En géologie la théorie plutonienne, celle qui explique la formation du relief terrestre par les éruptions du feu central, cède de plus en plus la place à la théorie neptunienne, celle qui explique ces modifications par le travail paisible et séculaire des eaux. Et de nos jours encore nous voyons émerger du sein de l'Océan Pacifique — que ce nom fait image ici! — tout un continent nouveau qui est formé non par l'action des forces souterraines, mais par le travail humble, invisible, anonyme, de ces associations de polypes et de madrépores qu'on a appelés si justement les vétérans de la coopération! Et dans l'initiative sociale le passage de l'esclavage au servage, du servage au salariat, s'est fait d'une façon si insensible que les historiens ont toutes les peines du monde à retrouver le point de soudure. Alors pourquoi le passage du travail salarié au travail libre ou associé ne se s'accomplirait-il pas de même?

Je disais tout à l'heure qu'on nous reproche d'être des mystiques. Mais c'est la croyance que la république sociale, que la cité future sera fondée par un coup de foudre qui est au contraire du mysticisme tout pur et du mauvais! Elle est semblable à celle de ces Juifs, de ces pêcheurs de Galilée, qui attendaient l'avènement du Messie sur un trône de nuées; mais à ceux-là Jésus dit: « Le royaume de Dieu ne viendra point avec éclat »! Et il ajoute cette parole admirable: « Le royaume de Dieu est au dedans de vous ». De même de la cité sociale future nous pouvons dire à ses nouveaux apôtres impatients: Elle ne viendra point avec éclat! Elle se bâtit jour après jour, chacun de nous apportant sa petite pierre. Et nous pouvons ajouter aussi: Elle est au dedans de vous!

Qu'elle soit en effet collectiviste ou anarchiste ou coopérative, jamais elle n'apparaîtra sur terre, la cité future, si elle n'est pas déjà réalisée dans les cœurs et dans la vie de quelques-uns au moins d'entre nous, des meilleurs seulement. Ces meilleurs, qui sont-ils? On ne le saura que le jour où le royaume qu'ils portaient en eux-mêmes aura apparu au dehors, c'est-à-dire quand ils ne seront plus là depuis longtemps.

Nous n'avons pas la prétention d'être de ceux-là, mais nous avons du moins cette prétention de travailler déjà pratiquement et partiellement à réaliser dans nos associations cette république coopérative. Chacune de ces associations sociales est déjà et veut devenir un petit monde, un microcosme. Quelle que soit sa besogne, qu'elle ait pour but de fabriquer des souliers ou de vendre des chandelles, elle s'applique à réaliser dans cette besogne quotidienne et à faire pénétrer dans les habitudes de vie et dans la mentalité de chacun de ses associés, le droit nouveau qu'elle proclame !

Nous ne sommes pas si prétentieux que le pensent les économistes. Nous ne prétendons point, comme nous le reproche M. P. Leroy-Beaulieu, faire une palingénésie sociale. Nous savons que nous sommes petits, très petits, nous ne nous en décourageons point toutefois, depuis que la microbiologie nous a appris que toute fermentation, depuis le levain qui donne le pain jusqu'au ferment qui donne le vin, est l'œuvre des tout petits; nous connaissons, par des expériences personnelles, ce qu'il y a de misères et d'infirmités dans ces œuvres, mais nous savons aussi qu'il s'y trouve, et qu'elles ont contribué à susciter dans leur propre sein et autour d'elles, beaucoup d'âmes simples et de bonne foi, et nous les étudierons dans ce même esprit où elles ont été faites, en toute simplicité et en toute bonne foi. Nous ne sommes pas de ceux qui se glorifieront en visitant l'Exposition de 1900 et en contemplant la gerbe d'institutions sociales que le siècle qui finit offrira comme un trophée au siècle qui commence. Hélas! nous savons combien, quand nous aurons passé toute cette moisson au crible, il y aura de paille qui s'en ira au vent et combien peu il restera de bon grain, à peine de quoi remplir le creux de la main.

Mais quoi! un seul bon grain suffirait pour ensemencer à nouveau toute la terre. Parlons sans métaphore. Une seule expérience sociale qui réussit prouve plus que mille qui échouent. Toutes les expériences faites pour trouver le vaccin de la tuberculose ou la direction des ballons ont échoué, mais il suffirait qu'une seule réussît pour que le problème fût résolu. Quand donc on nous montrera que mille associations de production, par exemple, ont échoué, qu'importe pourvu que nous puissions en montrer une qui a réussi? Ce qu'ont pu réussir une seule fois un petit groupe d'hommes d'élite, il n'y a aucune raison pour que tous ne puissent l'accomplir un jour.

Et je vais bien plus loin! Quand bien même arrivés au terme de cet enseignement, nous en serions réduits à constater —, ce qu'à Dieu ne plaise, mais ce que nous ferions pourtant si telle était la vérité — la banqueroute générale de toutes ces institutions, même alors, oui tout de même je pense que ni vous ni moi ne regretterions cette étude et qu'elle ne perdraitri en de son intérêt, car elle nous apprendrait tout ce que les hommes ont voulu, ont tenté, ont expérimenté pour s'aider les uns les autres — et leur impuissance même à faire quoi que ce soit d'efficace, si elle était constatée, donnerait alors à cette étude un caractère vraiment tragique. Et ces efforts conserveraient, au point de vue de l'enseignement social et moral, toute leur vertu, quand bien même ils seraient inutiles. Rappelez-vous que Kant a dit : « Il n'y a qu'une seule chose en ce monde dont on puisse dire qu'elle est absolument bonne : c'est une bonne volonté ».

Alors donc, rassurons-nous : l'étude que nous allons faire sera, quoiqu'il arrive, toujours bonne et même parfaitement bonne puisqu'elle sera, à tout le moins, l'histoire des bonnes volontés.

Ch. Gide.

Au moment même où ces pages venaient d'être imprimées nous recevons avec émotion la nouvelle de la mort du Comte de Chambrun, décédé le 7 février, à Nice. Il n'aura donc pu les lire quoiqu'il me les eût demandées. Je les offre respectueusement à sa mémoire.

Ch. G.

DE L'INFLUENCE DU MILIEU

SUR LE DÉVELOPPEMENT DE L'HOMME

Quelle est l'influence du *Milieu physique* sur le développement des facultés de l'homme, sur le progrès humain ? Les différences de race sont-elles originelles, ou ne sont elles pas elles-mêmes un produit du Milieu ? Grands problèmes, que l'homme n'éclairera jamais peut-être, mais sur lesquels il est bon pourtant de réfléchir. La Providence a voulu que les origines de l'homme fussent enveloppées pour lui d'un mystère impénétrable ; il est certes permis à la science de rechercher ces origines, abstraction faite de la tradition biblique ; mais il est permis aussi de constater que, jusqu'à présent du moins, elle n'a abouti qu'à des solutions contradictoires, simples hypothèses, émises par des autorités scientifiques dont on ne conteste pas la sincérité, mais également dépourvues de toute certitude.

On a distingué trois types principaux de races humaines : la race Caucasienne ou *blanche ;* la race Mongole ou *jaune ;* la race Éthiopienne ou *noire ;* deux autres races, l'Américaine et la Malaise ne sont que des variétés intermédiaires. Comment s'expliquent ces différences de races? Ne seraient-elles pas exclusivement le produit du *Milieu,* qui aurait dès lors sur le développement humain une influence bien plus considérable que celle qu'on lui attribue généralement ?

La question est dominée par une autre question primordiale : Les différentes races humaines ont-elles, oui ou non, comme l'a enseigné Buffon, le premier qui ait considéré l'homme au point de vue ethnologique, une seule et même origine ? Si oui, leurs différences physiques ne se peuvent guère expliquer que par l'influence du Milieu !

L'anthropologie a fait, de nos jours, de remarquables progrès, surtout depuis la fondation de la société anthropologique de Paris, en 1857, et, loin que l'hypothèse de Buffon sur la communauté d'origine des groupes humains ait été démontrée fausse, on peut dire qu'elle a pour elle aujourd'hui les plus grandes autorités dans la science.